DES

PRINCIPES POLITIQUES

QUI DOIVENT SERVIR DE BASE

A LA LÉGISLATION ÉLECTORALE.

IMPRIMERIE DE Vᵉ THUAU.

DES

PRINCIPES POLITIQUES

QUI DOIVENT SERVIR DE BASE

À LA

LÉGISLATION ÉLECTORALE.

A PARIS,

CHEZ DANDELY, LIBRAIRE,

PASSAGE DES PANORAMA, Nº 43 ;

CHEZ DELAUNAY ET CHEZ WIBERT,

PALAIS-ROYAL.

1831.

DES

PRINCIPES POLITIQUES

QUI DOIVENT SERVIR DE BASE

A LA LÉGISLATION ÉLECTORALE.

———

Il y a un grand nombre de personnes qui écrivent sur la politique sans vouloir se pénétrer des premiers élémens de cette science. On ne saurait leur persuader que l'homme qui ne *possède rien*, celui qui *possède peu* et celui qui *possède beaucoup*, n'ont à la chose publique ni le même intérêt, ni la même proportion d'intérêt, et conséquemment que les uns et les autres doivent être représentés différemment, et participer au gouvernement d'une manière différente. Ces publicistes perdant de vue le but primitif de

la société, qui est la conservation de *la propriété*, n'aperçoivent d'autre distinction à
faire entre les citoyens, que celle qui provient de l'étendue plus ou moins grande des
lumières résultant de l'éducation. Ainsi, à
les en croire, plus les lumières iront en se
répandant, et plus grand sera le nombre des
citoyens appelés au gouvernement. En sorte
que quand la masse des citoyens sera tota-
lement éclairée, l'on aura une république
où, sans exception, tous les membres du
corps social jouiront du droit de suffrage.
Chacun à la fois y sera souverain et sujet,
c'est-à-dire, n'obéira à l'autorité dont lui-
même fera partie, qu'autant qu'il le trouvera
bon. Tel est effectivement le caractère de la
république pure. Mais c'est se méprendre
étrangement sur le principe de cette forme
de gouvernement, que de croire qu'elle soit
le résultat de la diffusion des lumières. La
république résulte de l'attribution faite à
chaque citoyen, soit par droit de premier oc-
cupant, soit de gré, soit de force, soit par
voie d'héritage, d'une égale portion de territoire. Mais on sent que cette *égalité* parfaite,
d'où naît la véritable *liberté*, n'est pas susceptible de durer long-temps. Une infinité

de causes viennent la troubler, et surtout les progrès de la population, qui ne tardent pas à introduire dans l'État des citoyens à qui l'on ne peut donner des terres. Aussi, le gouvernement républicain, malgré l'enthousiasme qu'il inspire, se transforme-t-il bientôt en *aristocratie*, et successivement en *monarchie*, deux sortes de gouvernement qui admettent et qui requièrent (à un degré différent, il est vrai) l'inégalité entre les membres du corps politique et la présence des prolétaires. Les citoyens se divisent alors en riches et en pauvres. Aux uns sont dévolues toutes les fonctions publiques; aux autres sont assurés la protection et les secours de leurs concitoyens. C'est de cette époque que date également la prépondérance des grands propriétaires, prépondérance qui prend sa source, non dans la différence des fortunes, mais dans la clientelle composée des prolétaires qui s'attachent à la suite de la grande propriété. Ainsi, par une loi digne d'attention, les prolétaires qui par eux-mêmes n'ont aucune valeur politique, procurent cependant l'ascendant à ceux qui, par leur fortune et leurs largesses, leur donnent le moyen de subsister. Sans prolétaires, point d'aristocratie, point de monarchie même. C'est le dévouement, l'affection des classes pauvres, qui fait la grandeur des chefs de l'État. Les prolétaires, en se groupant autour des plus grands propriétaires, constituent l'*aristocratie*. Quant à ceux que l'aristocratie, à cause de leur trop grand nombre, ne peut suffire à protéger, ils constituent la *royauté*, en soutenant par leurs efforts le citoyen éminent qui consent à leur servir d'appui par les lois protectrices qu'il fait rendre en leur faveur.

Les publicistes dont nous avons parlé il y a peu d'instans, s'intitulent *progressifs*, parce qu'ils pensent que plus la société s'éclaire, plus elle appelle au gouvernement un grand nombre d'individus. Selon eux, le mouvement du corps social procède par ces transitions :

Esclavage;
Féodalité;
Aristocratie;
Monarchie absolue;
Monarchie tempérée;
Gouvernement monarchique représentatif;
Démocratie royale;

République;

Démocratie absolue, conférant le droit de suffrage à tous les citoyens indistinctement, ce qui, d'après eux, est le terme de la perfection en matière de gouvernement.

La progression dont on parle existe, mais elle a lieu dans l'ordre suivant :

République pure ou démocratie royale (1);

Aristocratie;

Monarchie;

Gouvernement monarchique représentatif, c'est-à-dire, gouvernement où toutes les classes de citoyens sont libres, mais avec modération et une juste proportion, mais sans se porter préjudice, en sorte que tous les inté-

(1) Les États naissans commencent par la république, parce que la population est faible, et que tous les citoyens y sont propriétaires. C'est de toutes les formes de gouvernement la plus attrayante, la plus douce, la plus voisine de la nature, celle qui procure l'indépendance la plus absolue. Les États qui sont le résultat de la colonisation, ou qui ont de bonne heure des guerres à soutenir, débutent par la démocratie royale, qui ne tarde pas à se résoudre en république. Telles furent par exemple les petites monarchies de la Grèce dans les temps héroïques. La *démocratie royale* n'est séparée de la *présidence à vie* que par une bien légère nuance.

rêts soientdéfendus et représentés, savoir :

Ceux des propriétaires, en général, par un *corps électif ;*

Ceux des grands propriétaires par un *sénat héréditaire ;*

Ceux des prolétaires par la *royauté* qui les protége et les contient à la fois, et qui unit à cette attribution celle de *pouvoir exécutif* (1).

(1) M. de Châteaubriand a aperçu le mouvement social que nous venons de signaler quand il a dit dans son *Essai sur les Révolutions*, t. 2, chap. 10, p. 138 :

« Il me semble qu'il existe un gouvernement parti-
« culier pour ainsi dire naturel à chaque âge d'une
« nation ;

« La liberté entière aux sauvages ;

« La république royale aux pasteurs (c'est ce que
« nous appelons la démocratie royale) ;

« La démocratie dans l'âge des vertus sociales (c'est
« ce que nous appelons la république pure, ou, pour
« nous servir des termes de Montesquieu, la bonne dé-
« mocratie) ;

« L'aristocratie dans le relâchement des mœurs ;

« La monarchie dans l'âge du luxe ;

« Le despotisme dans la corruption ;

« Il suit de là que lorsque vous voulez donner à un
« peuple la constitution qui ne lui est pas propre, vous
« l'agitez sans parvenir à votre but, et il retourne tôt

Le gouvernement représentatif est le terme de la progression. Quand il est bien pondéré, c'est le gouvernement parfait.

« ou tard au régime qui lui convient par la seule force « des choses. Voilà pourquoi tant de prétendues répu- « bliques se transforment tout-à-coup en monarchies, « sans qu'on en sache bien la raison. »

Il dit encore, même ouvrage, tome 2, chap. 22, p. 229 :

« Les corps politiques, quand on les abandonne à « eux-mêmes, ont leurs métamorphoses naturelles « comme les chrysalides. »

Nous avons essayé d'indiquer d'une manière précise la loi à laquelle sont assujéties ces métamorphoses, et qui résulte de l'accroissement de la population et de l'insuffisance du territoire. Elle a échappé à M. de Châteaubriand, qui, dans les notes qu'il a jointes à la nouvelle édition de l'*Essai*, paraît croire que la *république représentative* est une nouvelle forme de gouvernement supérieure, à quelques égards, à toutes les autres, tandis que c'est tout simplement la république appliquée à un vaste territoire, soit par le moyen d'assemblées à l'instar des états-généraux de la féodalité ou de la monarchie, soit par le moyen d'un pacte fédératif analogue à ce qu'était dans la Grèce le conseil des amphictyons.

Nous persistons dans l'opinion autrefois énoncée par M. de Châteaubriand, quand il a dit : « Déjà nous possédons cette importante vérité que l'homme, faible

Certains peuples cependant ne parviennent pas à le conserver. Cela vient soit de ce qu'ils

« dans ses moyens et dans son génie, ne fait que se
« répéter sans cesse ; qu'il circule dans un cercle dont
« il tâche en vain de sortir ; que les faits même qui ne
« dépendent pas de lui, et qui semblent tenir au jeu de
« la fortune, sont incessamment reproduits (*a*). » Nous n'admettons donc pas, comme il le fait maintenant, l'existence d'une liberté, résultat de la civilisation et et des lumières, différente de celle des anciens fondée uniquement sur les mœurs (*b*). A nos yeux, il n'est qu'une liberté, celle qui est fille de l'égalité. Quand on a dit qu'elle était fille des mœurs, on s'est trompé sur sa véritable origine. Prenant une conséquence pour un principe, on a attribué aux mœurs ce qui provient du fait de l'égalité, et la méprise est d'autant plus excusable que l'égalité des biens, qui engendre la liberté politique, contribue puissamment aussi à inspirer de bonnes mœurs et à éloigner la corruption. On a observé, il y a long-temps, que la trop grande pauvreté et la trop grande richesse sont l'une et l'autre des sources de vices ; que la fragilité humaine s'accommode mieux des milieux que des extrêmes, et qu'une honnête médiocrité est la condition la plus favorable à la vertu. Voilà pourquoi, dans la langue politique, *vertu* est la

(*a*) *Essai sur les Révolutions*, tom. 2, p. 199.
(*b*) Notes sur l'*Essai*, tom. 1, 1re part., ch. 19, p. 318;
—   tom. 2, idem, ch. 67, p. 53;
—   tom. 2, 2e part., ch. 10, p. 139.

manquent d'aristocratie et de sénat héréditaire, soit de ce que le corps électif n'est pas composé en quantité suffisante de grands propriétaires, soit de la faiblesse de la royauté, qui ne protége pas assez les basses classes, et les livre sans défense à l'oppression des classes moyennes. Alors l'État ne tarde pas à tomber en révolution et à se transformer en démocratie royale ou en république, deux formes de constitution qui diffèrent fort peu l'une de l'autre, mais dont il ne renferme plus les conditions essentielles (peu ou point de prolétaires), et qui le mènent droit à l'anarchie, d'où il ne sort que par le despotisme ou le gouvernement militaire. Ce dernier gouvernement se perpétue sous la forme violente où nous le voyons dans l'Orient; ou bien, adouci par le respect

même chose qu'*égalité*. C'est ce que Montesquieu n'a cessé de répéter, et rarement a-t-il été compris. Dans les relations ordinaires de la vie, n'appelle-t-on pas *vertueux* l'homme qui se contente de peu. Par suite, *égalité, mœurs, frugalité, vertu, pauvreté* même, sont devenus synonymes, ou du moins ont servi à indiquer des idées si voisines l'une de l'autre, qu'il est permis de les confondre presque toujours sans se tromper, quoiqu'il faille quelquefois les distinguer.

pour la propriété et l'influence des arts et des lumières dont l'Europe est le foyer, il fait place au *gouvernement représentatif,* sous lequel la société, opérant en quelque façon un mouvement rétrograde, recommence ses destinées en recréant des distinctions et des lignes de démarcation qu'elle avait imprudemment abolies. La société, après avoir cherché un mieux imaginaire dans une démocratie qu'elle ne peut trouver nulle part, rassemble ses débris et vient alors se reposer, selon la belle expression de Montesquieu, dans la forme de gouvernement qu'elle avait proscrite.

Ceux qui placent non dans la propriété, mais dans la capacité des citoyens, le droit électoral qu'ils appellent *capacité électorale,* expression peu logique qui s'est glissée dans notre langue, attaquent le fondement de la société. Oubliant que le pays n'est que la réunion de toutes les propriétés, ils se récrient contre le principe qu'il n'appartient qu'à la propriété de le représenter et de stipuler pour les intérêts généraux.

Sans doute, pour remplir les fonctions qui se rapportent à ce droit, l'intelligence, la capacité sont nécessaires, mais est-ce un motif pour prendre comme on le fait l'accessoire pour le principal?

A-t-on à placer un dépôt, on s'enquiert autant des biens que de la probité de celui à qui l'on veut le confier. On en fait autant quand on a à disposer d'une place de comptable. Quel dépôt, quelle manutention de fonds peuvent être comparés au précieux trésor de nos libertés? Prendrons-nous pour elles moins de précautions que nous n'en accordons souvent à l'intérêt le plus vulgaire? Après tout, dans un pays où toutes les professions sont libres, où toutes les carrières sont ouvertes à l'industrie et au mérite, est-il si difficile à l'homme qui possède cette vaste capacité, cette haute intelligence des affaires qu'on craint tant de voir exclure de nos assemblées, de justifier de son talent en acquérant la fortune honnête qu'on réclame du député?

« Si le droit d'élection, dit la *France nouvelle* du 3 et 4 novembre, a sa base dans la propriété, il en résulte qu'une plus grande propriété a une plus grande capacité électorale. De même, si l'on n'est électeur que parce qu'on a un certain nombre d'arpens de terre, évidemment celui qui en a cent a plus de droit que celui qui n'en a que dix. »

Pour se soustraire à cette conséquence, le rédacteur de cette feuille considère la propriété, non comme conférant un droit politique, mais comme une simple garantie. Il en conclut que l'homme payant deux cent cinquante francs d'impôt, est aussi apte à voter que celui qui en paie mille.

La faiblesse de ce raisonnement est manifeste. Admettons, pour un instant, que la propriété, au lieu d'être un intérêt fondé, un intérêt politique au premier chef, ne soit qu'une garantie : nous demanderons, si le citoyen payant mille francs d'impôt n'offre pas une garantie plus forte que celui qui n'en paie que deux cent cinquante ? dès lors, s'il n'a pas droit à quelque préférence, dans l'intérêt même de la chose publique, et si l'on ne peut pas raisonnablement lui conférer des attributions d'un ordre plus élevé ? La réponse ne saurait être incertaine.

Nous reportant au point de vue sous lequel a été de tout temps considérée la propriété, nous remarquerons qu'il donne lieu aux quatre grandes divisions de propriétaires qui existent légalement en France.

Ceux qui n'ont point de droit de suffrage ;

Les électeurs ;

Les éligibles ;

Les pairs de France.

En politique, les méprises sont faciles, dès qu'on ne suit pas rigoureusement l'enchaînement des vérités et des idées. Ainsi, par exemple, accordez que les citoyens payant deux cent cinquante fr. d'impôt présentent indistinctement des garanties suffisantes de capacité, vous êtes amenés naturellement à supprimer la classe des éligibles, et du même coup, à abolir la pairie, comme le demandent les journaux de l'opposition libérale extrême. Jusque-là, selon quelques personnes, il n'y aurait pas grand mal. Mais regardez auprès de vous, et vous vous convaincrez que si au dessus du cens de deux cent cinquante fr. ou si l'on veut de deux cent fr. auquel s'arrêtent généralement les demandes d'abaissement du cens électoral, il n'y a pas une classe d'autres contribuables jouissant de droits politiques plus étendus ; vous n'aurez aucune barrière logique, aucun prétexte à opposer aux prétentions des contribuables moins imposés qui voudront s'élever à votre niveau. Comment leur prouverez-vous que la garantie nécessaire pour

s'occuper des matières politiques est juste-
ment celle que vous offrez, celle que vous
avez fixée, celle qui se trouve dans l'étendue
de la propriété que vous possédez, et qui sup-
porte soit deux cent fr., soit deux cent cinquante fr. d'impôt? N'est-il pas à craindre
que dans cette fixation ils ne voient un acte
arbitraire suggéré par le désir de les domi-
ner et de les tenir sous le joug? Avant peu,
ils s'écrieront que vous ne croyez pas vous-
même aux argumens que vous leur opposez.
En effet, diront-ils, vous vous estimez supé-
rieurs en mérite à vos égaux parce que vous
payez deux cent cinquante fr. d'impôt, et
vous ne voulez pas à votre tour reconnaître
dans celui qui paie mille fr. de contribution
une capacité supérieure à la vôtre? Cette con-
tradiction est trop flagrante pour fonder sur
cette base un système politique susceptible
de quelque durée.

Si les écrivains que nous combattons in-
sistent autant pour que le cens électoral soit
considéré comme une garantie, c'est qu'ils
sentent qu'autrement il faudrait convenir
que c'est un privilége. A cet égard M. Dupin
aîné a fait preuve de franchise et de logique,

quand il a dit , dans la séance du 10 novembre 1829.

« Puisqu'on parle de privilége , n'oublions
« pas que les électeurs sont des privilégiés.
« Nous vivons sous l'empire de l'aristocratie
« des plus imposés. Tout homme est plébéien
« quand il ne paie que deux cent quatre-
« vingt dix-neuf fr. d'impôt ; mais cette aris-
« tocratie est inévitable. Du moment où l'on
« fixera un cens électoral ou un cens d'éli-
« gibilité, l'homme qui ne paiera rien ap-
« partiendra à la classe démocratique, et celui
« qui paiera seulement un sou , à la classe
« aristocratique (1). »

De toutes les quotités d'impôt proposées
pour servir de base au cens électoral, celle
de 300 francs, éprouvée par une longue expérience, paraît être la plus convenable. En
effet, on ne peut véritablement considérer

(1) Ainsi qu'on le verra plus bas , nous entendons le
mot *aristocratie* dans un sens différent de M. Dupin,
qui appelle de ce nom les distinctions de l'État social.
Quant au mot *privilége,* on devrait le définir une fois
pour toutes, et reconnaître que tout privilége ou toute
préférence fondée sur un motif d'intérêt public bien
constaté, n'a rien d'odieux.

comme propriétaire que l'homme dont le revenu territorial suffit pour le faire vivre, sans qu'il ait besoin de recourir à un travail salarié. L'indépendance personnelle est le premier gage à donner de l'intégrité qu'on apportera à l'exercice des droits politiques, et surtout du loisir indispensable pour s'occuper des affaires de l'État avec application et désintéressement. On a beaucoup déclamé contre la dépendance des gens en charge, puisqu'on a soumis à la réélection les députés qui acceptent des emplois publics. Au milieu de l'ardeur de places qui nous dévore, la dépendance où est un citoyen d'un autre citoyen, qu'il sert comme salarié, doit être un motif de récusation non moins puissant. Peut-être se plaindra-t-on qu'il n'y ait en France que quatre-vingt à cent mille électeurs, aux termes de l'ancienne Charte, et sept à huit mille éligibles ? C'est fâcheux, sans doute, mais à qui peut-on s'en prendre, si nos besoins factices sont devenus si considérables et si coûteux à satisfaire qu'il y ait à peine cent mille individus dans une situation indépendante et en position de vivre de leur revenu, et huit mille ayant assez de fortune pour pouvoir, s'ils sont nommés dépulés, renoncer à leurs affaires et aller passer six mois de l'année à Paris (1).

Ces considérations, appuyées sur l'indépendance personnelle qu'on est en droit d'exiger de tout homme politique, justifient pleinement du reproche d'exclusion arbitraire la législation qui nous régit. On voit qu'elle est commandée par la force des choses, par l'intérêt public, par la nécessité sociale. L'influence de la propriété, à moins d'être écartée complétement, ne saurait être réduite à de plus faibles limites. Quelques personnes persisteront-elles à se récrier ? Ne pourront-elles comprendre que l'*aristocratie* est une qualification qui n'appartient qu'aux propriétaires assez opulens pour avoir des cliens. C'est donc faire un étrange abus de termes et vicier la langue de la politique que d'étendre cette dénomination à la petite propriété, à celle qui ne suffit pas à nourrir son maître. Celle-ci, dépourvue de clientelle,

(1) Certainement c'est faire aux idées du jour une ample concession que d'accorder qu'une propriété payant trois cents francs d'impôt, c'est-à-dire, supposant un revenu fixe de deux mille francs, assure à l'homme qui la possède une existence qui ne l'oblige à être le subordonné de personne.

loin d'être aristocratique, est essentiellement républicaine et amie d'une égalité dont elle prend la mesure sur elle-même et qu'elle voudrait transporter partout, parce que tout ce qui est au-dessus d'elle l'importune. Au contraire, la propriété à clientelle est amie des distinctions, parce que, regardant avec orgueil ce qui l'entoure, elle ne veut pas être confondue parmi le reste du peuple. Orgueil, envie, voilà, hélas ! les deux pivots sur lesquels roulent les affaires humaines dès que l'*inégalité des conditions* s'est introduite dans la société. Un pays qui renferme dans son sein les deux classes que nous venons de signaler, ne peut vivre en paix qu'à la faveur de l'union et de la bonne intelligence, qu'on doit s'appliquer à faire régner entre elles. C'est dans cet art heureux que gît l'habileté du législateur.

Les cliens, voilà ce qui constitue, voilà ce qui met en évidence le vrai caractère de l'aristocratie. Ils appartiennent toujours à la classe des prolétaires. On conçoit, en effet, qu'un pays dont tous les citoyens seraient propriétaires, alors même que les biens y seraient répartis inégalement, n'aurait point d'aris-

tocratie (1), parce que personne ne voudrait
se rabaisser au point d'être le client d'autrui.
Le gouvernement républicain serait donc
encore le seul qui convînt à ce pays-là. Le
régime républicain est le plus séduisant : on
n'y renonce que quand on y est contraint
par une impérieuse nécessité, et même alors,
on tourne constamment vers lui des regards
d'envie. Il importe donc pour le bonheur de
l'humanité, pour épargner aux peuples des
révolutions stériles, et des agitations sans
résultat, de bien établir à quelles conditions
il est possible.

La classe élevée, qu'on pourrait appeler
la grande propriété sans clientelle, tient le
milieu entre l'aristocratie et la classe moyenne. Elle balance les prétentions de l'une et
de l'autre sans donner l'ascendant à aucune.
C'est pourquoi cet élément politique, également distant de l'esprit républicain et de
l'esprit aristocratique, et qui, au besoin, sait
les mitiger l'un par l'autre, est un heureux

(1) Il n'y aurait pas non plus d'aristocratie dans un
pays où les impôts seraient si considérables et les terres
si divisées, que fort peu de gens pourraient vivre de
leurs revenus fonciers.

intermédiaire très-propre à composer l'assemblée élective.

C'est ce qui a suggéré à M. H. F.... les
réflexions suivantes en faveur du système
électoral sous lequel a été élue la chambre
actuelle des députés. Ce régime, introduit en
1817, modifié en 1820, a des antécédens qui
n'ont rien que de rassurant pour la liberté,
puisqu'il a été, à quelques égards, la source
de la nouvelle Charte, circonstance qui devrait suffire pour en assurer le maintien.

En France, dit M. H. F.... qui attribue à
la bonté de l'esprit public une partie du
mérite qui revient à l'institution électorale,
« le mouvement des élections dépend bien
« plus encore de l'impression produite par
« la marche du pouvoir sur l'opinion du pays
« que des conditions électorales elles-mêmes
« imposées aux citoyens. Avec les mêmes con-
« ditions de cens et d'éligibilité, avec les mê-
« mes colléges et les mêmes électeurs, vous
« aurez des résultats tout différens, selon
« que vous entrerez dans la confiance des
« peuples par vos grandes et fortes vues, ou
« que vous exciterez leur méfiance et leurs
« craintes par des systèmes vagues et mal
« combinés (*Indicateur*, 21 novembre 1830).

Un corps électoral, ennemi de tous les excès et qui se sert à lui-même de correctif, de contre-poids et de censeur, est la plus heureuse combinaison qu'il soit possible de rencontrer. Pourquoi recourir à un autre système dont il serait impossible de calculer les résultats ? C'est surtout en politique qu'il faut redouter les mécomptes. Souvenons-nous que Charles X a succombé, parce que ce système d'élection était plus populaire que le mode de son gouvernement (1), inconvénient grave auquel ses ministres n'ont pas su rémédier par l'économie, par les dégrèvemens, par l'habileté de leur administration. En élargissant outre mesure la base de l'électorat, craignons de placer dans une situation analogue la royauté nouvelle du 7 août.

En d'autres termes, toute assemblée animée de sentimens plus républicains que celle que nous possédons en ce moment, ne sera en rapport ni avec les besoins, ni avec la situation du pays.

En France, grâce aux progrès du luxe,

____

(1) Voy. *Considérations sur la politique et sur les circonstances actuelles*, 2ᵉ édit. Paris, 1822. Chez Delaunay et chez Wibert, au Palais-Royal.

au séjour de la capitale, ruineux pour la classe opulente, à l'énormité des impôts et à l'égalité des partages, les existences de quelque importance étant dissoutes, la grande propriété se trouve en général sans clientelle. Voilà pourquoi le corps social a si peu d'aplomb, éprouve tant d'agitations, et manifeste une tendance si forte à s'organiser en république. Le mouvement populaire ne trouve de résistance nulle part, et la royauté successivement dépouillée de tous ses privilèges a besoin pour se défendre d'une habileté soutenue. Chez nous, un des élémens constitutifs de la monarchie, seule forme de gouvernement qui nous convienne, à raison de la multitude de nos prolétaires, est d'une excessive faiblesse. De là l'allure gênée et incomplète du corps politique, et la facilité avec laquelle il tombe en révolution. Aussi rencontre-t-on à chaque pas des gens qui demandent sérieusement : A quoi bon une chambre des pairs ? question qu'en Angleterre on ne s'aviserait jamais de faire, et qu'on ne ferait sûrement pas en France, si nos pairs avaient la puissance territoriale des pairs de la Grande-Bretagne. Ajoutons que si l'aristocratie venait complètement à disparaître et à se dissoudre, ce qui est arrivé chez plusieurs peuples, en Turquie par exemple, et dans tous les états de l'antiquité dont il ne reste plus que l'histoire et le nom, la société périrait bientôt sous la masse affamée des prolétaires, ou végéterait en proie au despotisme organisé par la conquête. Dans tous les pays où il n'y a pas d'aristocratie, c'est-à-dire, de noblesse, de corps intermédiaire entre le roi et le peuple, ou à défaut, quelque institution qui en tienne lieu, et à laquelle, par une sorte de fiction politique, on permette d'en remplir les fonctions, il n'y a plus qu'à opter entre une république orageuse, l'anarchie ou le despotisme. Dans le cas dont nous venons de parler, où l'aristocratie affaiblie, à demi ruinée, et presque confondue avec la classe livrée aux professions lucratives, subsiste encore, cependant, à la faveur de la royauté, on peut la comparer à ces barrières vermoulues qui bordent un précipice, et dont la présence salutaire, en guidant les pas du voyageur, l'empêche de tomber dans l'abîme. Cet appui presque factice que l'aristocratie prête au corps social en France, où notre vanité s'affligerait de lui voir plus de consistance, supplée fort utilement à une réalité absente. En un mot, l'aristocratie est comme la religion, contre laquelle il est loisible de déclamer tant qu'on voudra, mais dont on ne peut néanmoins se séparer tout-à-fait, sans tomber dans une désorganisation complète.

On a prétendu que la Chambre des députés devait être composée d'élémens démocratiques, ou pour mieux dire républicains, et la Chambre des pairs être le siége de l'aristocratie. Cette assertion très-spécieuse est erronée. L'esprit républicain est hostile à l'aristocratie et à la royauté, puisque, chaque fois qu'il prend l'ascendant, il détruit ces deux institutions. Or, composer le gouvernement de trois élémens ennemis, c'est le moyen de jeter le désordre dans l'État. Est-il possible de former un concert avec trois élémens discordans? La nature des choses prescrit donc de former la Chambre des députés d'élémens qui approchent autant que possible de l'esprit républicain, mais cependant qui ne soient pas antipathiques à l'aristocratie et à la royauté, et qui aient avec l'une et l'autre des affinités, des points de contact. Or, dans la monarchie, il n'y a que les députés élus par la classe élevée ou choisis dans son sein qui soient susceptibles de remplir cette condition indispensable à l'harmonie qui doit régner dans la société.

En dépit des beaux vers de Voltaire, il ne faut pas que les trois pouvoirs *soient étonnés du nœud qui les rassemble*. Autrement, on est menacé d'une scission.

Sous ce rapport, l'enchaînement des choses est tellement impérieux que dès que la Chambre des députés serait organisée dans le sens républicain, la pairie se transformerait en *sénat à vie* ou en *conseil des anciens*, c'est-à-dire en succursale de la Chambre des députés, et la royauté, en *présidence* ou en *consulat*. Le roi ne serait plus alors que le ministres des Chambres ; réduit au pouvoir exécutif pur et simple, il cesserait d'être le défenseur des intérêts des prolétaires et n'aurait plus en propre ni force, ni volonté. On a dit avec raison qu'un pouvoir faible était le plus grand des malheurs.

Plus on approfondit la théorie et la combinaison des pouvoirs, plus on est amené à reconnaître que le *roi* représente les intérêts des prolétaires ; *la Chambre des députés*, les intérêts généraux des propriétaires, et *la Chambre des pairs*, les intérêts de la grande propriété. Mais peut-être objectera-t-on, car en politique il faut s'attendre aux difficultés qui partent des points les plus opposés, que, par cette distribution des pouvoirs, la propriété a une double représentation. Cela doit être :

1° Parce que la société a pour but la conservation de la propriété.

2° Parce que si, sur les trois pouvoirs ou les trois grandes classes d'intérêts qui partagent l'État dans le gouvernement monarchique, la propriété n'avait qu'une représentation, les prolétaires en auraient deux, et la propriété serait par conséquent en minorité dans toutes les délibérations, ce qui irait contre l'objet de la société et conduirait au despotisme par la voie de l'anarchie.

3° Parce que les prolétaires eux-mêmes ont un puissant intérêt au maintien et à la conservation de la société. Car comment vivraient-ils si la propriété territoriale, de laquelle ils tirent leur subsistance, était en proie aux agressions et au pillage ?

Nous avons dit qu'une des fonctions les plus importantes de la royauté était de protéger les prolétaires et de les contenir. Or, les contenir et les empêcher de se livrer à

aucun excès, c'est encore les protéger. Ceci
mérite peut-être quelque explication.

L'histoire et l'opinion publique ont flétri
du nom de *tyrans* les princes qui se sont
servi des prolétaires des villes pour oppri-
mer les propriétaires. Tels furent les Denys,
les Pisistrate, les Tarquin, la plupart des em-
pereurs romains.

Le bas peuple des villes, parce qu'il est en
général malheureux, parce que rien ne l'at-
tache au sol et que ses moyens de subsistance
sont extrêmement précaires, a toujours été
l'instrument de la tyrannie. Les propriétaires
et les simples habitans des campagnes en ont
été constamment les adversaires ou les vic-
times.

Les républiques de l'antiquité, qui, presque toutes, furent originairement des colonies, avaient pour siége une ville unique où
tous les pouvoirs étaient centralisés. Aussi-
tôt que la population y atteignait un accroissement considérable, elles cherchaient à en
alléger le poids en formant des colonies, ou
en faisant des conquêtes, quelques-unes
aussi en se livrant au commerce ; et quand
ces moyens de suppléer à l'étendue du terri-

toire devinrent insuffisans ou impraticables, des tyrans s'élevèrent dans leur sein.

Chez les anciens, la propriété était peu respectée, ainsi que l'attestent les proscriptions que retrace leur histoire : aussi ne se faisaient-ils pas une idée juste de la royauté, telle qu'elle existe parmi nous. Un autre motif les empêcha d'arriver à cette grande institution des temps modernes (1). Leur territoire, en général, était trop borné, et la monarchie exige un territoire étendu; il était couvert d'esclaves, et la monarchie exige pour *condition première* que le prolétaire soit libre.

A leurs yeux donc, et non sans motifs, tous les rois étaient des tyrans, des espèces

(1) Les pays anciens qui se rapprochèrent le plus de la forme monarchique furent la Perse, l'Égypte, la Macédoine. Elles offraient du moins un des élémens de la monarchie, l'étendue du territoire. Au surplus, la Perse était un Etat despotique; l'Egypte un gouvernement théocratique : les classes inférieures n'y étaient point esclaves, mais elles étaient divisées en castes; la Macédoine était un gouvernement militaire. On pourrait dire que le *despotisme*, c'est l'esclavage ou l'oppression exercée sur un vaste territoire; la *tyrannie*, l'oppression exercée dans l'enceinte d'une ville; la *monarchie*, la liberté appliquée à un territoire étendu.

de démagogues qui se servaient de la lie du peuple pour vexer, proscrire et piller les propriétaires. Cet abus du pouvoir était considéré comme un crime de lèse-nation au premier chef, et tout citoyen avait droit de frapper le tyran dont la mort était considérée comme un acte méritoire, parce qu'on voyait en lui l'anarchie personnifiée.

Les Robespierre, les Marat, furent chez nous l'image fidèle des tyrans de l'antiquité.

Dans les anciennes républiques qui, à proprement parler, n'étaient que de grandes cités, telles qu'Athènes, Corinthe, Syracuse, les villes de la grande Grèce, celles d'Ionie, et même Rome, l'aristocratie territoriale et la grande propriété s'étaient affaiblies et étaient devenues presque nulles par l'excès du luxe. Aussi, dès que les prolétaires y furent nombreux, dès qu'on manqua de terres à distribuer, ils acquirent une influence irrésistible et firent tout trembler devant eux. On passait de la république à la tyrannie sans intermédiaire et d'autant plus vite que l'État était moins grand. Vainement tuait-on le tyran ou le forçait-on à s'exiler : bientôt un autre s'élevait à sa place ou lui-même revenait en personne, rappelé par ses partisans.

La cause de la tyrannie subsistait toujours. En effet, la grande propriété urbaine, surtout dans les temps de corruption, n'est point aristocratique, ni franchement républicaine. Il lui manque un élément de force. Elle n'assure à ceux qui en sont en possession qu'une trop faible clientelle. Son ascendant politique est presque nul. Paris renferme d'immenses fortunes, et cependant l'aristocratie y est sans force. A Rome, dans les premiers temps, l'aristocratie fut très-rigoureuse; mais, dans les derniers temps, elle devint extrêmement faible. Le sénat se vit successivement enlever tous ses priviléges par les plébéiens, qui prirent l'ascendant, mais pour le perdre bientôt par l'invasion des basses classes ameutées par des tribuns séditieux. Enfin les désordres s'accrurent au point que, de l'aveu des meilleurs citoyens, le pouvoir héréditaire d'un seul devint l'unique refuge qui restât contre l'anarchie.

Dans notre vieille Europe, où la propriété est respectée religieusement, où les dépenses sont excessives et où les sources de la production se tariraient bientôt, si on ne les ménageait avec soin, le prince qui protégerait les excès des prolétaires se trouverait promptement sans revenu ou ne tarderait pas à être renversé par une réaction des propriétaires.

Observons d'ailleurs que, nos mœurs nous faisant un besoin de l'ordre public, le joug des prolétaires est tellement dur et humiliant, que presque toujours les chefs d'État et les assemblées qui ont commis la faute de l'accepter, se précipitent pour s'y soustraire ou le tempérer dans la guerre étrangère qui les délivre momentanément des esprits les plus ardens et procure ainsi une suspension salutaire aux troubles de l'intérieur. En désespoir de cause, on se met alors à conquérir ses voisins et à vivre à leurs dépens, ce qui améliore beaucoup la situation du pays, ou bien l'on est conquis et l'on change de destinées.

Le meilleur moyen de se prémunir contre la prépondérance des classes inférieures, c'est de conférer des droits politiques étendus aux grands propriétaires. C'est ce qu'on appelle augmenter l'ascendant de la propriété, ou, pour mieux dire, permettre à celle-ci d'exercer l'influence qu'elle possède naturellement, quand elle est agglomérée en fortes masses.

Une assemblée politique est d'autant plus

faible contre les désordres populaires, que ses membres ont une moindre fortune personnelle.

La propriété territoriale offre donc la digue la plus efficace contre l'anarchie.

L'histoire nous apprend que la classe moyenne, ou, ce qui est la même chose, les députés choisis par elle, quand ils sont abandonnés à leurs propres forces, sans avoir au-dessus d'eux ni royauté, ni pairie, faiblissent toujours devant les classes inférieures, et bien plus encore devant la tyrannie des princes ou des magistrats appuyant vigoureusement les prolétaires. La classe moyenne, ardente à saisir le sceptre, le laisse bientôt échapper, vaincue par le torrent populaire qui, envahissant l'État à la faveur des principes d'égalité qu'elle a long-temps préconisés, triomphe de la résistance qu'elle oppose et la déborde bientôt. En effet, rien n'indigne autant les prolétaires que de voir la classe moyenne, désertant le principe d'égalité, emprunter pour repousser leurs réclamations les maximes de l'aristocratie et jusqu'à son vocabulaire. L'aristocratie du moins exerce, à l'aide de sa clientelle, une certaine influence. Elle répand des largesses ; son luxe est la source d'un travail abondant et lucratif. Va-t-on l'implorer ? Rarement revient-on les mains vides. Dans ses prétentions enfin qui ne sont dépourvues ni de grandeur, ni de dignité, on la trouve toujours ferme et conséquente avec elle-même. Il y a là quelque chose qui impose, qui parle à l'imagination bien autrement que le comptoir du négociant ou la boutique du marchand. Un pouvoir qu'on n'a pas vu naître, qu'on ne verra pas mourir, qui signale sa présence par des bienfaits, inspire naturellement la soumission et le respect.

Plus on abaissera le cens électoral au-dessous d'une certaine limite dont nous sommes plus près qu'on ne pense, moins le corps électif opposera de résistance aux prolétaires.

1°. Parce que ce corps n'aura par lui-même que peu de force et de crédit.

2°. Parce que par un amour d'égalité inhérent à tout ce qui occupe une situation inférieure, il semera la division d'une part entre les grands et les moyens propriétaires, d'autre part entre la masse de la nation et le roi qui, ne pouvant voir sans effroi le vaisseau de l'État incliner violemment dans le sens populaire, manquera rarement, pour rétablir l'équilibre, de violer la constitution par des coups d'état.

3°. Parce que ce même corps ne s'avisera de résister aux prolétaires, qui voudront aussi être admis à jouir de l'égalité, que quand il sera trop tard pour leur tenir tête, et que les barrières destinées à les contenir seront affaiblies.

4°. Parce qu'on aura beau réduire le cens, les exclus formeront toujours l'immense majorité numérique. Or, non-seulement les individus qui n'atteignent pas la limite prescrite ne jouissent pas des droits politiques, mais il est même à remarquer que dans la république pure, ils sont moins libres que dans le gouvernement aristocratique, où ils profitent par contre-coup du luxe et de l'opulence des citoyens, et moins libres dans l'aristocratie que dans la monarchie, où la principale attribution de la royauté est de protéger, de défendre et de représenter les intérêts des prolétaires, de manière qu'ils n'oppriment pas les autres classes de citoyens, et n'en soient pas opprimés. Cette vérité n'a pas échappé à Montesquieu, quand il a dit : « Dans l'aristocratie, la souveraine puissance « est entre les mains d'un certain nombre de

« personnes qui font les lois, et qui les font
« exécuter, et le reste du peuple n'est, *tout*
« *au plus*, à leur égard, que comme dans
« une monarchie les sujets sont à l'égard du
monarque. » (Esprit des Lois , livre 2 , chapitre 3.) Au surplus , le gouvernement sous
lequel chaque peuple se trouve placé, n'est
point une affaire de choix ou de caprice.

La république pure ne peut exister que
dans les états où les prolétaires sont en très-petit nombre ; *l'aristocratie* dans ceux où
ils sont en assez grand nombre, et la *monar-*
chie dans ceux où ils sont fort nombreux.
En d'autres termes, la nature du gouvernement résulte du rapport de la population au
territoire, ou du mode suivant lequel la
propriété foncière est répartie entre les divers membres du corps social. Voilà pourquoi les lois qui règlent les successions et les
partages sont placées au premier rang parmi
les lois d'ordre politique.

Le luxe, par la voie des dettes, détruit
l'aristocratie et la grande propriété. La richesse même, l'élément générateur de l'aristocratie, succombe sous la même influence,
lorsqu'elle renonce aux professions lucratives
sans s'être suffisamment consolidée. Ajoutez

que les gouvernemens, toujours semblables
aux particuliers, multiplient les dépenses,
lèvent des impôts, prodiguent les pensions,
se livrent aux entreprises ambitieuses, aux
guerres inutiles et injustes, et amènent ainsi
de nouvelles causes de perturbation et de
misère qui épuisent leurs dernières chances
de salut. En effet, on a remarqué que dans
les états convenablement pondérés, et dont
la constitution n'est pas décidément vicieuse,
les peuples ne demandent de nouvelles con-
cessions que quand les princes leur demandent de nouveaux impôts (1); mais jusqu'à pré-
sent, la crainte de cette réciprocité redouta-
ble n'a presque jamais arrêté les gouvernemens dans la carrière des dépenses et des
prodigalités. Cependant, l'oppression de la
propriété et l'affaiblissement de son influence
amènent l'appauvrissement et le mécontentement général, abaissent toutes les sommi-
tés, détruisent l'aristocratie, ce contre-poids
indispensable à la balance du corps social,
livrent l'État à la classe moyenne, et par suite,
à la classe inférieure. La classe moyenne,

(1) *Voyez* la brochure intitulée *Du refus du Budget.*
Paris, 1829. Chez Wibert et chez Delaunay. Palais-
Royal.

forte contre la classe supérieure réduite à quelques particuliers opulens, mais isolés et désormais intimidés, qui se renferment dans l'égoïsme, et achèvent ainsi de se discréditer, n'a les moyens ni de contenir les prolétaires des villes, les plus redoutables de tous, les seuls peut-être qui rendent indispensable l'action d'une royauté forte, ni le pouvoir de les gagner par ses bienfaits, et de leur procurer par ses dépenses, toujours calculées sur une échelle fort restreinte, une quantité suffisante de travail. Les institutions républicaines qu'elle fonde, venant donc comme un fruit hors de saison, et n'ayant pas pour base une franche et véritable égalité, ne tardent pas à s'écrouler.

Les états de l'antiquité, qui, après avoir brillé d'un si vif éclat, ont couvert l'univers de leurs ruines, avaient tous un luxe immense, de grandes et somptueuses villes, où toutes les fortunes et les vertus venaient s'engloutir comme dans un gouffre. Si les états modernes ont déployé jusqu'ici une durée et une vigueur bien supérieure, il faut l'attribuer à la robuste constitution de leur aristocratie, à la longue enfance des arts prolongée par la rudesse du climat, à la modération du luxe qui n'éclate guère que dans les capitales, à la simplicité des vieilles mœurs, dont les provinces gardent encore quelques traces, aux lois qui conservaient les familles, en empêchant la trop grande division des propriétés, à une religion qui fait de l'abstinence un devoir, et à l'action du clergé qui vient charitablement au secours des basses classes, et possède merveilleusement l'art de les contenir.

Mais ce dernier ressort s'affaiblit chaque jour, et, à ce sujet, on nous permettra quelques développemens. Une révolution dans l'ordre politique a toujours pour cause un changement matériel dans la distribution des propriétés (1). Ce changement, à raison de l'intime liaison qui existe entre nos biens et notre mode d'existence, altère à un degré correspondant nos *mœurs*, c'est-à-dire, les habitudes de notre corps, celles de notre esprit et celles de notre cœur, désignées particulièrement sous le nom de *manières de vivre*, d'*opinions* et de *sentimens*. Les mœurs,

(1) Changer les mœurs d'un état, ce n'est qu'en changer les fortunes. (Châteaubriand, *Essai sur les Révolutions*, t. 2, chap. 42, p. 327.)

telles que nous venons de les définir, ont
pour règle et pour fondement la religion ou
la morale, qui n'est que la religion considérée séparément de ses dogmes. Mais de même
que le sommet d'une pyramide ne change jamais de place, sans que la base ne suive le
même mouvement, tout changement notable
dans les mœurs entraîne forcément un schis-
me ou un changement dans la religion. Cette

(1) Toutes les causes physiques et morales que nous
venons d'énoncer, l'étendue des propriétés, les mœurs,
les opinions, les sentimens, la religion, etc., réagis-
sent les unes sur les autres dans tous les sens; mais,
pour éviter de jeter de la confusion dans le discours,
nous négligeons de signaler ces réactions dont il sera
facile à chacun de se rendre compte. Le point essen-
tiel était de bien établir l'enchaînement primitif et la
génération des faits.

Les variations successives de la forme religieuse ont
été considérées par M. Benjamin Constant, dans son
ouvrage sur la religion, comme autant de perfection-
nemens déterminés par le progrès des lumières. Ainsi, à
en croire cet auteur célèbre, plus le dogme s'altère et se
détériore, plus le culte s'épure de manière sans doute à
arriver par dégradations jusqu'au théisme. (*De la Religion*, Paris, 5 v. in-8.) Quant au clergé, nous n'en dirons
qu'un mot : c'est qu'il est toujours plus vertueux que
l'époque à laquelle il appartient, et qu'ayant mission

observation ne souffre point d'exception, si ce n'est à l'époque où les mœurs deviennent si mauvaises, si déréglées, qu'aucune règle, aucune forme religieuse ne peut plus leur convenir, s'y adapter ni sympathiser avec elles. La religion alors se retire de la société qui la répudie. L'indifférence ou l'incrédulité la remplacent (1). Heureusement pour l'humanité, cet état fâcheux de corruption dans l'ordre moral, auquel, dans l'ordre politique, correspond l'état d'anarchie, ne se réalise avec intensité que dans les villes, dans ces enceintes artificielles où l'homme, privé du contact bienfaisant de la nature, se dérobe, pour ainsi dire, au témoignage de ses sens qui, en présence du spectacle animé de l'univers, lui révéleraient un créateur et les lois d'ordre et d'harmonie qui en émanent. Les villes étant partout le siége du gou-

de réformer les mœurs, il a pu croire sur la foi des écrivains qui fondent la politique sur les mœurs, qu'il lui appartenait aussi d'exercer son action sur le gouvernement des États. Erreur grave, mais spécieuse, et si difficile à éviter, qu'on ne peut lui faire un reproche de n'avoir pas su s'en garantir.

(1) La persécution transforme l'indifférence en incrédulité.

vernement, les campagnes sont entraînées dans leur orbite (1); mais les villes sont aussi le séjour du luxe, et le luxe a le double inconvénient de corrompre les cœurs et de dissiper les biens, de pervertir la conduite privée et de changer la distribution de la propriété. De là l'influence immense qu'il exerce à la fois sur la religion et la politique, deux ordres de choses dont le principe est tout différent et qu'il faut soigneusement distinguer, mais qui néanmoins sont soumis à l'action commune de cette même cause qui établit entre eux une sorte de lien et de simultanéité qui n'existerait pas sans elle. Ainsi, aucun mobile n'est aussi puissant pour ruiner les familles et détruire l'aristocratie, pour vicier les mœurs et renverser les états, pour amener la misère et exciter l'anarchie; mais comme l'amour des superfluités est aussi la source des arts, du commerce et des manufactures, l'aliment qui fait vivre la population des villes, comme les classes opulentes, dès qu'une fois elles ont goûté les jouis-

(1) On sait assez que ce ne sont pas les paysans qui ont fait la révolution. (Châteaubriand, *Essai sur les Révolutions*, t. 2, chap. 68, p. 73.)

sances corruptrices de la civilisation, ne peuvent plus y renoncer, le luxe a droit à des ménagemens forcés et donne lieu à une complication d'effets bons et mauvais qui font qu'on ne doit ni le combattre à outrance ni le tolérer pleinement. En outre, cet élément est indispensable au maintien de la monarchie qui en a besoin pour nourrir les prolétaires sans lesquels elle n'existerait pas. C'est ce qui fait qu'on peut le comparer à ces infirmités que l'on redoute, qui accablent l'homme sur la fin de sa carrière, mais avec lesquelles il faut pactiser, parce qu'en cherchant à les guérir on accélérerait la destruction du malade.

P. S. Nous ferons peu d'observations sur la nouvelle loi électorale présentée à la Chambre des députés par M. le ministre de l'Intérieur, dans la séance du 30 décembre 1830.

En vertu de cette loi, la France comptera deux cent mille électeurs, au lieu de quatre-vingt mille; vingt-quatre mille éligibles au lieu de huit mille, et cinq cent vingt-neuf députés au lieu de quatre cent trente.

Le cens électoral et le sens d'éligibilité seront donc considérablement réduits.

Dès le mois de septembre dernier la société *Aide-toi, le ciel t'aidera*, demandait :

1°. Que le cens électoral fût abaissé dans une proportion conforme aux besoins du pays ;

2°. Que tous les citoyens portés dans la deuxième liste du jury, avec les extensions qu'il serait utile d'admettre encore, fussent inscrits sur la liste des électeurs ;

3°. Que les conditions de cens exigées pour l'éligibilité fussent supprimées;

4°. Enfin, que la condition de possession annale fût rayée de notre code électoral.

Les vœux formés par cette société républicaine semblent au moment d'être accomplis.

Des partisans mieux avisés de l'influence de la moyenne propriété s'en tiendraient au cens électoral de 3oo francs, qui assure aux idées républicaines un ascendant, nous le disons franchement, que l'état de la société ne paraît pas même comporter.

En politique, rien n'est si commun que de perdre, faute de modération, les avantages qui semblent le mieux assurés.

Désormais, songeons-y bien, le pouvoir suprême, loin de résider, comme autrefois, dans la royauté, va descendre et se partager dans les deux cent mille électeurs qui seront les dépositaires de la souveraineté. La portion du peuple, exclue des droits politiques, s'accommodera-t-elle volontiers d'une aussi grande quantité de chefs à qui il sera bien difficile de s'entendre entre eux ? Ce qu'il y a de certain, c'est que dans un pays où tout le monde a le droit de dire et de publier son avis, de se concerter, de s'associer, de lutter contre le pouvoir, un gouvernement populaire qui ne ferait pas le bonheur des masses, ne pourrait se maintenir long-temps contre le mécontentement et la misère, et ne tarderait pas à être renversé par les factions.

L'inconvénient que nous venons de signaler ne serait pas moindre, quand bien même on conférerait le droit électoral aux deux millions d'individus qui composent la garde nationale, conformément aux idées démocratiques de la *Tribune*. Ainsi, cet organe de l'opinion libérale extrême voudrait que les dépositaires de la souveraineté fussent constamment armés comme l'étaient à Sparte tous les citoyens de cette ancienne république. Il est assez étrange que cette combinaison politique, qui, si elle pouvait

se réaliser, serait tout bonnement le despotisme, c'est-à-dire, une population armée
commandant à une population sans armes,
émane d'hommes qui se donnent pour les
défenseurs les plus énergiques de la liberté.
Tant il est vrai qu'en politique, tous les extrêmes se touchent, et qu'en outrant un système, on se trouve transporté, sans s'en
douter, dans le système opposé (1).

(1) Nous croyons la *Tribune* républicaine, quoiqu'elle demande des lois démocratiques.

En France, on ne sait pas toujours très-bien ce qu'on
veut.

Un seul écrivain de l'ancienne opposition libérale,
Mr H. F., a compris nettement que la Charte de
Louis XVIII et la loi électorale qui a donné naissance
aux 221, assuraient le triomphe de son parti.

Les républicains semblent ne pas se douter que la
nouvelle Charte et la loi d'élection à trois cents francs
leur procureraient gain de cause, si la France n'avait
déjà mis leur système à l'épreuve.

Il est digne de remarque que, depuis la restauration,
chaque parti, à mesure qu'il devient prépondérant,
fait une législation électorale plus libérale que l'opinion
à laquelle il appartient. Il s'ensuit que chaque parti,
indépendamment de son mérite intrinsèque, ne peut
rien édifier, se trouve successivement débordé par le
flot populaire, et voit, à sa grande surprise, la victoire
lui échapper des mains.

Considérant l'effet probable des adjonctions auxquelles donnera lieu le nouveau projet de loi, il est à craindre que la réforme électorale qu'il renferme ne porte de nouvelles atteintes à la royauté et à la pairie, deux institutions déjà réduites au dernier degré de faiblesse.

Nous n'approuvons donc point la disposition qui, en appelant à faire partie des colléges électoraux les individus *sans propriétés,* mais qui exercent ou se disposent à exercer certaines professions libérales, confère en leur faveur un véritable privilége. Ici, il n'y a rien moins qu'un principe de sacrifié, celui qui veut que les contribuables à l'impôt direct aient seuls le droit de participer à la représentation nationale qui vote l'impôt. La société n'est pas une académie. La direction des affaires ne doit pas être livrée au concours. On peut abuser aisément des ressources de l'intelligence. La vertu n'est pas toujours la compagne inséparable des lumières, et l'homme qui possède d'éminentes facultés doit fournir comme les autres citoyens les garanties exigées par la Charte pour s'assurer de sa moralité par son intérêt. Combien d'hommes de génie ont asservi leur patrie ou y ont fomenté des troubles? Dans un siècle où les besoins sont excessifs et où l'on regarde comme la première loi, selon le monde, de se procurer une fortune et une existence brillantes, la société doit accumuler les précautions contre l'ardeur immodérée qui pousse les hommes à solliciter les honneurs et à courir après les richesses. Assurément nous ne prétendons interdire à qui que ce soit l'accès aux droits politiques, mais il faut que la propriété soit le chemin par où l'on passe pour y arriver, et que telle classe de citoyens ne soit pas dispensée de cette obligation plutôt qu'une autre (1) si l'on daignait se persuader que tout

(1) « Le propriétaire a un intérêt personnel au maintien des lois, tandis que l'homme sans propriété tend « sans cesse par sa nature à bouleverser et à détruire. « — On dit : Un J.-J. Rousseau n'aurait pas pu être « député. C'est un malheur ; mais infiniment moindre « que l'admission des non-propriétaires dans un corps « législatif. (Châteaubriand, *Essai sur les Révolutions,* « t. 1, p. 202 et 203.) » Ecoutons encore ce que dit au sujet des lumières et des mœurs le même auteur, dont personne, en pareille matière, n'osera récuser le témoignage :

« Nous avons perdu en mœurs ce que nous avons

changement aux lois électorales est un changement de constitution et amène conséquem-

« gagné en lumières. Celles-ci semblent tellement dis-
« posées par la nature, que les unes se corrompent
« toujours en proportion de l'agrandissement des autres,
« comme si cette balance était destinée à prévenir la per-
« fection parmi les hommes. Or, il est certain que les
« lumières ne donnent pas la vertu ; qu'un grand mo-
« raliste peut être un malhonnête homme. » (*Essai sur
les Révolutions*, t. 2, 1ʳᵉ part., chap. 68, p. 57.)

Nous sera-t-il permis d'ajouter que les lettres, les
sciences et les arts, ne brillent d'un vif éclat que dans
les capitales. Les talens, ayant en partie pour base l'é-
mulation et l'amour-propre, et ne se perfectionnant que
par un travail excessif, demandent, pour être dignement
appréciés, un théâtre élevé et une masse de spectateurs
instruits, oisifs et opulens, qu'on ne rencontre que dans
les grandes cités. Or, ces immenses réunions, ayant pour
conséquence inévitable la décadence des mœurs, celle-
ci ne saurait être imputée aux lumières, qui, réservées
par le sort comme une espèce de dédommagement, ar-
rivent, à la vérité, à la même époque, mais, loin d'être
la cause de la corruption, en sont l'antidote peut-être
le plus actif. Que d'obligations ne leur a pas l'humanité? En dépit des paradoxes de Rousseau, les arts et
les lettres, quoiqu'on leur donne souvent une direction
perverse, n'ont, par leur nature, rien de corrupteur. Ce
qui le prouve, c'est qu'ils déclinent et s'éteignent avec
le goût, dans le temps de révolution, et dès que l'homme

ment une révolution apparente ou insensible dans l'État, on s'engagerait moins promptement dans la carrière des innovations. Que de fois ces choses-là n'ont-elles pas été répétées ! Mais il semble que les hommes, dans leurs œuvres politiques, sont presque toujours les instrumens aveugles de l'état de la société et des préjugés dominans. Aussi les voit-on se précipiter dans les mêmes fautes dont l'expérience a cent fois démontré le danger.

se déprave. La licence tue les beaux-arts. Une noble gravité forme leur plus beau caractère. Ce sont les lumières, filles de l'intelligence, qui décorent d'une surface brillante ces flots de population qui, amoncelés sur un étroit espace, offrent aux regards étonnés l'image du bonheur, de la prospérité, de la richesse. Sans elles, et les jouissances qu'elles procurent, sans leurs douces distractions, les villes seraient d'infects cloaques, séjour insupportable de l'ennui, de la tristesse, de l'ignorance et d'une sorte de barbarie engendrée par la misère. On peut les comparer à des fées bienfaisantes qui projettent sur les vices et les maux inséparables d'une grande civilisation, des effets de perspective qui en dérobent toute la laideur.

FIN.

9 782011 750280